TRIBUNAL DE COMMERCE DE MARSEILLE

ASSEMBLÉE COMMERCIALE

—

RÉVISION

DU

Règlement du Pilotage du Port de Marseille

EN CE QUI CONCERNE LE PILOTE-MAJOR

———

PROCÈS-VERBAUX

Des Assemblées Commerciales des 20 Octobre 1894 et 20 Février 1895

MARSEILLE

TYPOGRAPHIE ET LITHOGRAPHIE BARTHELET ET Cⁱᵉ

Rue Venture, 19

1895

ASSEMBLÉE COMMERCIALE

RÉVISION

DU

Règlement du Pilotage du Port de Marseille

EN CE QUI CONCERNE LE PILOTE-MAJOR

PROCÈS-VERBAUX

Des Assemblées Commerciales des 20 Octobre 1894 et 20 Février 1895

MARSEILLE

TYPOGRAPHIE ET LITHOGRAPHIE BARTHELET ET Cie

Rue Venture, 19

1895

ASSEMBLÉE COMMERCIALE

Séance du 20 Octobre 1894

Cejourd'hui vingt octobre mil huit quatre-vingt-quatorze, à 11 heures du matin, se sont réunis dans la salle des délibérations du Tribunal de Commerce, sur la convocation de M. le Président, les membres composant l'Assemblée Commerciale, désignés conformément à la loi du 20 juin 1792.

Etaient présents : MM. Barthélemy, président du Tribunal de Commerce, chevalier de la Légion d'honneur, président de l'Assemblée Commerciale ; Gros et Boude, juges au Tribunal de Commerce, ce dernier chevalier de la Légion d'honneur ; Féraud, président de la Chambre de Commerce, chevalier de la Légion d'honneur ; Paquet, vice-président de la Chambre de Commerce, chevalier de la Légion d'honneur ; Bobet, commissaire de l'Inscription Maritime, chevalier de la Légion d honneur ; Pétrier et Milan, délégués du Conseil municipal ; Benigni et Prève, capitaines au long-cours, chevaliers de la Légion d'honneur ; Ropars, pilote-major, chevalier de la Légion-d'honneur ; Bruno et Loubatières, pilotes. et M. Lalubie, greffier en chef du Tribunal, secrétaire.

M. le Président, après avoir déclaré la séance ouverte, fait connaître qu'il a été invité à réunir l'Assemblée Commerciale, par une lettre de M. le Commissaire, chef du service de la Marine, en date du 11 septembre 1894. Ce fonctionnaire lui donne copie d'une dépêche de M. le Ministre de la Marine, du 7 septembre 1894, l'invitant à réunir l'Assemblée Commerciale de Marseille et prendre son avis sur le point de savoir s'il y a lieu de remplacer

2

le Directeur des mouvements militaires du port de Marseille, en ce qui concerne le pilotage, par le pilote-major, dont le titre serait transformé en celui d'officier chef de ce service, et d'indiquer les modifications qu'il y aurait lieu d'introduire à ce sujet dans le règlement général du pilotage du Ve arrondissement.

M. le Président donne lecture de la lettre de M. le Commissaire, chef du service de la Marine, de la dépêche ministérielle et dépose sur le bureau les pièces et documents relatifs à l'objet de l'Assemblée,

M. Pétrier demande immédiatement la parole et donne lecture de l'exposé suivant :

MESSIEURS,

La loi du 15 août 1792, comporte dans son article premier, le passage suivant :
« Les juges des Tribunaux de Commerce dans tous les ports se réuniront aux « officiers municipaux du lieu, etc....., etc.... » Le sens de cette phrase étant clair et complet, il importait donc que le principe de l'Assemblée Commerciale fut sauvegardé.

Nous voulons indiquer par là, que MM. les juges du Tribunal de Commerce, avec les membres du Conseil municipal devaient se réunir au préalable pour établir l'ordre du jour des questions à examiner et à discuter dans l'Assemblée Commerciale, fixer la date de sa réunion, voire même désigner son président.

Ces préliminaires étant remplis conformément à la loi, cette Commission devait s'adjoindre *pour le côté technique*, le chef des classes, deux principaux armateurs, deux enseignes non entretenus, etc., afin que ces derniers puissent éclairer la Commission par les renseignements qu'elle a le droit de leur demander.

Il importait également de bien comprendre l'esprit de cette institution, parce qu'en droit, c'est le Tribunal de Commerce et le Conseil municipal, avec l'autorité supérieure qui sont chargés de prendre des mesures favorables au service du pilotage local, ainsi que des mesures d'ordre et de police nécessaires à ce service.

MM. le chef des classes, les deux principaux armateurs, les enseignes non entretenus, etc., etc., n'ont, à ce sujet, aucune responsabilité ; ils ne sauraient donc bénéficier des prérogatives absolues que la loi confère aux administrateurs. Car, dans le cas contraire, c'est-à-dire ne pas considérer la Commission constituée par MM. les juges et les conseillers municipaux, il arrive que ces derniers n'étant représentés que par un ou deux délégués, cas actuel, ils seront en nombre inférieur à celui des personnes appelées, et, alors, ces dernières étant parties intéressées quelquefois, dans les questions de tarifs, d'organisation, etc., etc., elles peuvent toujours imposer leur volonté. C'est, d'ailleurs, ce qui s'est déjà produit antérieurement.

L'esprit de la loi du 15 août 1792, ressort des termes mêmes contenus dans le texte, à savoir : « Ils examineront (les juges et les conseillers municipaux) les articles, « conjointement avec les personnes qu'ils auront appelées. » Le législateur a voulu dire, à titre de renseignements techniques, tandis que les décisions ne sauraient être prises que par les juges et les conseillers municipaux, seuls responsables. On peut objecter que les usages établis précédemment permettent d'agir autrement, nous y répondons immédiatement.

Les usages qu'on peut invoquer, et que l'on a invoqué à la dernière Assemblée commerciale de 1888, pour admettre à titre délibératif une personne que la loi du 15 août 1792 n'a pas désignée, ne sont rien moins que prouvés et pourraient peut-être, à les supposer existants, être expliqués par des considérations de personnes ou de circonstances que nous serions impuissants à apprécier aujourd'hui.

Dans tous les cas, on ne peut se prévaloir d'infractions à la loi, commises antérieurement pour continuer à la violer encore. On n'acquiert point, par prescription, le droit de violer la loi. La tolérance dont ont pu être l'objet les Assemblées commerciales précédentes pourraient ne pas nous être continuée. Nous n'avions qu'un devoir, obéir à la loi.

Que dit-elle ? Elle énumère d'une manière limitative les catégories de citoyens, parmi lesquelles les juges de commerce et les officiers municipaux doivent choisir les membres de cette Assemblée. Elle indique entr'autres deux des principaux armateurs.

Ici, permettez-nous de vous dire avec tout le respect que nous devons à la haute personnalité du Président de la Chambre de Commerce, que nous le connaissons comme administrateur d'une grande industrie sucrière et de plusieurs Sociétés financières, mais non comme armateur. Nous sommes donc amenés à nous demander si le vœu de la loi a été obéi, quand l'honorable M. Féraud a été choisi comme principal armateur.

La question unique qui fait l'objet de cette Assemblée commerciale est la transformation du titre de pilote-major, en celui d'officier directeur du pilotage. Or, c'est à l'honorable M. Ropars, lieutenant de vaisseau en retraite, et pilote-major actuel, dont la délicatesse de sentiments nous est bien connue, que nous nous adressons :

Nous lui demandons en toute sincérité, s'il aura la liberté nécessaire pour juger une cause qui le touche de si près. Nous lui demandons encore s'il ne craindra pas pas de gêner la liberté de ses collègues en assistant à des débats auxquels, malgré nos sympathies pour sa personne, nous pouvons être amenés à soutenir par amour des principes, des théories qui lui seraient désagréables, s'attaquant à ses intérêts personnels.

En conséquence, nous pensons que ni l'honorable M. Féraud, ni l'honorable M. Ropars ne devaient faire partie de l'Assemblée Commerciale.

Aussi, malgré toute la haute déférence que nous professons à l'égard de l'honorable Président du Tribunal de Commerce, et nous le prions instamment de ne voir dans les observations que nous avons l'honneur de présenter à l'Assemblée, aucune pensée hostile de notre part pour sa personne, notre devoir nous commande d'indiquer que la loi du 15 août 1792, n'a point été appliquée dans son esprit, pour la composition de cette assemblée, comme précédemment d'ailleurs, état de choses préjudiciable à des gens dignes d'intérêt.

En général, la loi violée dans son esprit ne peut avoir comme conséquence funeste, que d'aigrir ceux dont les intérêts sont lésés par le fait même de cette violation et par suite les pousser à des mouvements de violence contre les pouvoirs réguliers, ce qui est toujours très regrettable.

De même, nous indiquons très nettement que nous ne voyons pas la nécessité de transformer le titre de pilote-major en celui d'officier-directeur du pilotage ; M. le ministre de la Marine ayant jugé nécessaire de supprimer la fonction de directeur des mouvements militaires du port, qui était en même temps chargé de l'inspection du pilotage, il y a lieu tout simplement, en conformité de l'article 12 du décret organique de 1806 relatif au pilotage, de placer l'inspection de ce service dans les attributions des officiers des ports de commerce.

D'ailleurs, le pilote-major étant l'intermédiaire direct entre les pilotes et le commerce, lorsqu'il y a conflit entre eux pour des règlements de tarifs de lignes contestés, etc., etc., il serait dangereux de transformer cette fonction en une autre plus lucrative, c'est possible, mais qui ferait du titulaire un juge et partie.

Nous terminerons en disant que certains pilotes de Marseille ont été mal venus d'être allés à Paris, demander au ministre de la Marine, par l'intermédiaire de quelques députés, de revenir sur la suppression des lieutenants de vaisseau, directeur des mouvements militaires dans les ports de commerce, invoquant pour prétexte futile qu'ils désiraient être placés sous l'autorité militaire.

Le ministre n'a point accédé à leur demande. C'est alors qu'on a pensé à la loi du 15 août 1792 pour faire, ce que vous me permettrez d'appeler une côte mal taillée, ainsi que cela s'est déjà produit malheureusement et trancher la difficulté au profit d'un tiers.

Eh bien ! Messieurs, notre conscience souffre d'accepter un pareille combinaison, préparée silencieusement peut-être par les principaux intéressés et il eût été préférable, à notre humble avis, d'exiger l'application stricte de la loi du 15 août 1792, tant qu'elle n'aura point été modifiée.

Signé : J. Pétrier,

Conseiller municipal de Marseille.

M. Féraud, président de la Chambre de Commerce, indique qu'il a été désigné par M. le Président du Tribunal de Commerce, pour faire partie de l'Assemblée, qu'il a répondu avec empressement à la convocation dont il est très honoré, que l'Assemblée est maîtresse de sa composition et qu'il s'en rapporte quant à ce, à la décision qui sera prise à son égard.

M. Pétrier répond que la personnalité de M. Féraud doit être mise à part, mais que la loi ayant prescrit la désignation de deux armateurs, M. Féraud, n'ayant pas cette qualité, sa présence n'est conforme ni au texte, ni à l'esprit de la loi.

M. Prève, capitaine au long-cours, fait remarquer que la présence du président de la Chambre de Commerce comme armateur paraît indiquée. A quoi, en effet, reconnaît-on un armateur? Il n'y a aucun point déterminé, aucun grade ou diplôme qui corresponde à ce titre. L'armateur est celui qui s'occupe de questions maritimes, d'armement, etc., etc., et le président de la Chambre de Commerce de Marseille, traitant dans une large mesure, en raison même de la situation qu'il occupe les questions maritimes de tout ordre, peut et doit être appelé à siéger dans une assemblée de ce genre, à titre d'armateur.

M. le Commissaire de l'Inscription maritime s'associe entièrement à la déclaration de M. Prève et déclare, en outre, que l'assemblée commerciale ne prend pas des décisions ayant force de loi, qu'elle est réunie pour représenter Marseille et que l'on ne pourrait la constituer autrement.

M. Bruno, pilote, expose que M. Féraud, mieux que personne, doit et peut assister à l'assemblée, car c'est un grand bonneur d'avoir dans son sein le Président de la Chambre de Commerce de Marseille ; qu'en outre, M. Féraud étant vice-président de cette Chambre a fait partie pendant environ dix ans, de la Commission administrative du pilotage. Pour ce qui concerne M. Ropars, pilote-major, il ajoute que quand des questions sont personnelles aux membres de l'assemblée commerciale ; la loi du 15 août 1792 ne les exclut pas de cette assemblée, car elle est muette à ce sujet. D'ailleurs, le pilote-major n'est ici que le représentant de la station de Port-de-Bouc, comme son collègue est celui de la station de l'ouest de Marseille et lui, celle de l'Est.

M. Ropars répond qu'il est membre de l'Assemblée comme pilote, qu'à ce titre, il a un droit incontestable à en faire partie, mais il déclare que lorsque l'Assemblée délibérera sur les questions qui lui sont personnelles, il s'abstiendra pour ne pas donner prise aux imputations personnelles qui paraissent l'avoir visé trop directement.

Après un échange d'observations entre les divers membres, M. le Président résume en quelques mots la discussion soulevée par M. Pétrier :

En convoquant l'Assemblée comme je l'ai fait, je me suis conformé uniquement au texte de la loi de 1792. L'article 1er de cette loi est ainsi conçu :
« Les juges des Tribunaux de Commerce, etc., se réuniront aux officiers
« municipaux du lieu, et après avoir appelé le chef des classes, deux des
« principaux armateurs, deux des plus anciens enseignes, commandant
« actuellement des bâtiments de commerce, et un pilote au moins de chaque
« station dans les endroits où il y en aura plusieurs. ils examineront conjoin-
« tement avec les personnes qu'ils auront appelées..... »

Assurément tous les membres du Tribunal de Commerce et du Conseil municipal auraient le droit de faire partie de cette Assemblée ; mais, par suite d'un usage établi à Marseille depuis que la loi est en vigueur, ces deux corps envoient chacun seulement deux délégués pris parmi eux pour les représenter à l'Assemblée commerciale. Cet usage est justifié par les attributions mêmes de l'Assemblée, ainsi que le faisait remarquer M. le Commissaire de l'Inscription maritime, elle ne rend pas des décisions exécutoires, elle est simplement consultée et formule des vœux sur les questions maritimes qui intéressent Marseille.

Or, les deux corps qui forment la principale composition de l'Assemblée n'ont qu'à donner leur avis sur ces questions d'accord avec les personnes compétentes désignées plus haut. J'ajouterai que le Conseil municipal appelé par moi à faire cette désignation a consacré une fois de plus cet usage reconnu juste, en nommant sans protestation et sans discussion dans sa séance du 25 septembre dernier, ainsi que le constate l'extrait de la délibération que j'ai sous les yeux, deux personnalités dont la compétence dans les matières qui vont être soumises à l'Assemblée ne sont mises en doute par personne ; il en est de même du Tribunal de Commerce ; ces deux corps constitués en suivant les usages précédemment établis, n'ont rien fait de contraire à la loi, puisque le texte n'indique nullement le nombre de personnes dont l'Assemblée doit être composée. J'ai donc appliqué la loi dans son esprit et dans son texte.

Les autres membres de l'Assemblée, les deux principaux armateurs, le Commissaire de l'Inscription maritime, les capitaines au long-cours et les pilotes sont nommément désignés et sont présents. M. Pétrier prétend que ces diverses personnes ne doivent pas faire partie de l'Assemblée, mais ne sont appelées qu'à titre consultatif. Tel n'est pas mon avis. Prenons, en effet le texte de loi de 1792. « Ils examineront (les officiers municipaux et les juges) « conjointement avec les personnes qu'ils auront appelées. » Qu'est-ce à dire ? Le mot conjointement n'indique pas une idée de consultation, mais indique au contraire que l'on est mis ensemble sur un pied d'égalité parfaite pour agir de concert. Par conséquent, conformément à la loi, MM. Féraud, Paquet, le Commissaire Bobet, Benigni, Prève, Ropars, Bruno et Loubatières font partie de l'Assemblée à titre de membres actifs.

La présence de M. le Président de la Chambre de Commerce qui a été critiquée, m'a paru indispensable, vu sa haute compétence dans les questions maritimes et pour les raisons qui viennent d'être indiquées par M. Prève.

Seule la présence de M. Ropars pourrait être discutée aujourd'hui, puisque l'Assemblée est réunie pour donner un avis sur une question qui le concerne personnellement, mais là n'est pas le but unique de la réunion de l'Assemblée, il peut en qualité de pilote-major, faisant fonction de chef des mouvements du port, apporter dans l'Assemblée un concours et des renseignements utiles. J'ajouterai que M. le Commissaire, chef du service de la marine, m'a exprimé le désir de le comprendre parmi les membres de l'Assemblée.

Nous donnons toutefois acte à M. Ropars de la déclaration par laquelle il a pris l'engagement de s'abstenir dans les votes qui le concernent personnellement.

M. le Président consulte l'Assemblée sur la validité de sa composition. Par 11 voix sur 13 membres présents l'Assemblée déclare qu'elle est valablement constituée. MM. Pétrier et Milan, membres délégués du Conseil municipal ont déclaré s'abstenir.

M. le Président rappelle que le but de la réunion est de décider s'il y a lieu de remplacer le Directeur des mouvements du port de Marseille, en ce qui concerne le pilotage, par le pilote-major dont le titre serait transformé en celui d'officier chef de ce service et en outre d'examiner les modifications qu'il y aurait lieu d'introduire dans le règlement général du pilotage du 5e arrondissement. Il paraît utile de nommer une Commission qui devra examiner les différentes questions soulevées.

M. Féraud appuie le dire de M. le Président et demande la nomination d'une ou deux Commissions.

M. Bruno demande que la Commission qui sera nommée, ait pour mission de préparer l'étude des articles à réviser du décret du 23 juillet 1859, articles 58 à 82 inclus, concernant le port de Marseille. Le travail de la Commission serait ensuite soumis aux délibérations de l'Assemblée commerciale qui ne devrait se dissoudre qu'après avoir discuté et adopté un travail d'ensemble.

L'Assemblée adopte sans discussion le principe de la nomination d'une Commission de 7 membres.

Sont nommés :

MM. Paquet, Boude, Pétrier, Bobet, Benigni, Prève, Bruno.

Il est indiqué que M. Ropars se tiendra à la disposition de la Commission à laquelle il est adjoint sans en faire partie.

M. le Président indique que la Commission aura pour mission : 1° de donner son avis sur la question de savoir si en l'état de la suppression du Directeur des mouvements militaires du port, il y a lieu de le remplacer en ce qui concerne le pilotage par le pilote-major, dont le titre serait transformé en celui d'officier chef de service ; 2° étudier les modifications qu'il y aurait lieu d'introduire à ce sujet dans le règlement du pilotage du 5e arrondissement.

M. Benigni, au nom du Syndicat des capitaines au long-cours, fait observer qu'il est anti-patriotique d'admettre à l'examen de pilote du port de Marseille, les capitaines étrangers. Cette faculté leur donne le droit de faire des sondages le long de nos côtes et aux abords de notre port, ce qui facilite l'espionnage. Il y a là un danger national qu'il faut faire cesser,

Après avoir consulté l'Assemblée, M. le Président renvoie cette motion à la Commission.

Plus rien n'étant à délibérer, la séance est levée à midi et demi.

Le Secrétaire,   *Le Président,*

E. LALUBIE.   BARTHÉLEMY.

Séance du 23 Février 1895

Ce jourd'hui, 23 février 1895, à 10 heures du matin, les membres composant l'Assemblée commerciale se sont réunis dans la salle des délibérations du Tribunal de Commerce de Marseille sur la convocation de M. le Président du Tribunal de Commerce.

Etaient présents : MM. Barthélemy, président, Paquet, Boude, Pétrier, Ropars, Benigni, Prève, Bruno, Loubatières, Lalubie, secrétaire.

MM. Féraud, Gros, Bobet, commissaire de l'Inscription Maritime, retenu à bord du *Britannia*, Milan s'étaient fait excuser.

M. le Président déclare la séance ouverte et invite le secrétaire à donuer lecture du procès-verbal de la séance du 20 octobre dernier, qui est adopté.

M. le Président rappelle à ses collègues que l'Assemblée commerciale a été constituée sur la demande de l'Administration de la marine, à l'effet d'examiner la question de savoir si, par suite de la suppression du Directeur des mouvements militaires du port, il y avait lieu de le remplacer en ce qui concerne le pilotage par le pilote-major, dont le titre serait transformé en celui d'officier chef du pilotage. Dans la dernière séance, l'Assemblée a nommé une Commission de sept membres à l'effet d'examiner cette question.

M. le Président fait connaître que cette Commission a terminé ses travaux et que M. Paquet, président, lui en a adressé le compte-rendu suivant avec les procès-verbaux in-extenso qui sont déposés sur le bureau.

Marseille, le 16 février 1895.

MONSIEUR LE PRÉSIDENT,

J'ai l'honneur de vous adresser, avec ces lignes, afin que vous puissiez en disposer à votre convenance, vingt exemplaires de la brochure contenant le travail de la Commission du pilotage nommée par l'Assemblée commerciale, réunie le 20 octobre dernier, sous votre présidence.

La dite Commission, composée de MM. PAQUET, président, PÉTRIER, vice-président, LALUBIE, secrétaire, BOUDE, BOBET, PRÈVE, BÉNIGNI, BRUNO, s'est réunie quatre fois dans une des salles du Tribunal de Commerce que vous avez bien voulu mettre à sa disposition ; elle a étudié, avec le plus grand soin, les deux questions dont l'examen lui avait été confié par l'Assemblée commerciale.

1° Savoir si, en l'état de la suppression du Directeur des mouvements du port, il y a lieu de le remplacer en ce qui concerne le pilotage, par le pilote-major, dont le titre serait transformé en celui d'Officier chef de ce service ; ·

2° Etudier les modifications qu'il y aurait lieu d'introduire à ce sujet, dans le règlement général du pilotage du 5me arrondissement.

La Commission a décidé, pour plus de clarté, de scinder la première question en deux parties :

Y a-t-il lieu de donner au pilote-major les attributions qu'avait le Directeur des mouvements militaires du port en ce qui concerne le pilotage, conformément à la demande de l'Administration de la marine ?

Cette proposition a été adoptée à la majorité.

Quel titre y a-t-il lieu de donner au nouveau fonctionnaire ?

Après une discussion approfondie, la Commission s'est prononcée pour le titre de *Chef du Pilotage.*

Sur la seconde question, comprenant les modifications qu'il y a lieu d'introduire à ce sujet, dans le règlement général du pilotage du 5me arrondissement, la Commission a adopté un projet de révision des Art. 69, 72, 73, 74, 75, 76, 77, 79, 80 du décret du 23 juillet 1859, proposé par M. le Commissaire de l'Inscription maritime et dont le texte est inséré au procès-verbal de la séance du 31 octobre.

Ces deux questions réglées, la Commission n'a pas cru devoir clôturer ses travaux sans prendre en considération certains vœux d'ensemble dans le but :

1° De faire perdre aux décrets des 30 novembre 1885 et 2 mars 1889 leur caractère presque exclusivement fiscal ;

2° De donner satisfaction aux réclamations légitimes des capitaines au long cours, réellement entravés dans le libre exercice de leur profession ;

3° D'améliorer le recrutement des pilotes-lamaneurs ;

4° D'empêcher les capitaines étrangers de violer ouvertement la loi contre l'espionnage.

Ayant prié M. le Commissaire de l'Inscription maritime et M. Prève de donner à ces vœux la forme d'un projet de règlement, M. le Commissaire a donné lecture d'un projet modifiant les articles 1 et 2 du décret du 8 mars 1889. Ce projet donnant satisfaction à la plupart des désiderata exprimés a été adopté.

Sur la proposition de M. Prève, la Commission a, en outre, adopté le vœu suivant :

1° Le pilotage sera facultatif dans le port de Marseille ;

2° Dans le but de perfectionner et d'améliorer le recrutement des pilotes lamaneurs du port de Marseille, l'Administration de la Marine devra s'efforcer tout en respectant les droits acquis, d'introduire, dans cette corporation, un certain nombre de capitaine-pilotes, ainsi que cela se pratique d'ailleurs depuis longtemps chez les nations étrangères.

Des circonstances indépendantes de notre volonté, ayant retardé l'impression des procès-verbaux des séances de la Commission que j'ai eu l'honneur de présider, il vous paraîtra sans doute utile de soumettre, aussitôt que possible, le résultat de ses travaux à l'Assemblée commerciale.

Veuillez agréer, Monsieur le Président, l'assurance de mes sentiments les plus distingués et dévoués.

PAQUET.

M. Pétrier demande la parole et fait remarquer que dans la première question posée à la Commission, les mots : inspection du pilotage ne devraient pas exister, en effet l'Assemblée commerciale n'avait à s'occuper que du titre à donner au nouveau chef de service des pilotes. C'est d'ailleurs ce qui résulte de la dépêche de M. le Ministre dont copie a été adressée à M. le Président de l'assemblée.

M. le Président répond que cette question a été examinée et tranchée et que c'est d'après la dépêche de M. le Ministre et la lettre de M. le chef du service de la marine que l'Assemblée du 20 octobre dernier a donné le mandat suivant à la Commission :

1° Donner son avis sur la question de savoir si en l'état de la suppression du Directeur des mouvements militaires du port, il y a lieu de le remplacer en ce qui concerne le pilotage par le pilote-major dont le titre serait transformé en celui d'officier chef de ce service ;

2° Etudier les modifications qu'il y aurait lieu d'introduire à ce sujet dans les règlements du pilotage du cinquième arrondissement.

M. le Président fait observer que les membres de l'assemblée ont eu connaissance des travaux de la Commission dont les procès-verbaux in extenso leur ont été distribués. Il va mettre aux voix les résolutions prises par la Commission, sauf le cas où quelque membre de l'assemblée aurait des observations à présenter :

Première question. — Le Directeur des mouvements militaires du port ayant été supprimé, et ce fonctionnaire ayant dans son service l'inspection des pilotes, y a-t-il lieu de donner au pilote–major les attibutions qu'avaient le Directeur des mouvements militaires du port en ce qui concerne le pilotage, conformément à la demande de l'administration de la marine ?

M. le Président met aux voix cette proposition.

MM. Pétrier, Benigni, Ropars déclarent s'abstenir.

MM. Barthélemy, Paquet, Boude, Prève, Bruno, Loubatière ont voté pour. A la majorité la première question est adoptée.

Deuxième question. — La Commission propose de donner au nouveau fonctionnaire, le titre de chef du pilotage, y a-t-il lieu d'adopter cette dénomination ?

MM. Barthélemy, Paquet, Boude, Prève, Bruno, Loubatière ont voté pour.

MM. Pétrier, Benigni, Ropars se sont abstenus. A la majorité la proposition est adoptée:

M. le Président soumet à l'assemblée les projets de modification des articles 69, 72, 73, 74, 75, 76, 77, 79, 80 du décret du 23 juillet 1859, proposé à la Commission par M. Bobet, commissaire de l'inscription maritime, et adopté par elle.

Texte du décret du 23 Juillet 1859	Texte adopté
ART. 69. — Soit que le pilote aborde un bâtiment, soit qu'il monte à bord, il doit faire constater par le capitaine le point de distance où il a abordé.	(*Sans changement*).
Si le capitaine s'y refuse, le pilote indique lui-même sur son livret le lieu où il a abordé le navire et le refus du capitaine ; s'il y a contestation, il en est référé au directeur des mouvements du port.	Si le capitaine s'y refuse, le pilote indique lui-même sur son livret le lieu où il a abordé le navire et le refus du capitaine ; s'il y a contestation, il en est référé au chef du Pilotage avec droit d'appel au chef du service de la Marine.

Tout capitaine qui a à réclamer auprès du directeur des mouvements du port relativement au pilotage, doit faire son rapport dans les quarante-huit heures de sa libre entrée ; mais ce délai expiré, la réclamation n'est pas reçue.

ART. 72. — Un agent chef de pilotage, qui prend le titre de pilote-major, est choisi par le Commissaire de la Marine, chef du service, sur la proposition du directeur des mouvements du port, parmi les pilotes en activité de service, s'il s'en trouve un qui, par son instruction, ses connaissances nautiques, la fermeté de son caractère et toutes les conditions désirables, soit apte à remplir convenablement cet important emploi, et, à défaut, parmi les officiers de vaisseau en retraite ou les capitaines au long cours de la localité, recommandables sous les mêmes rapports et ayant une connaissance parfaite du port, de la rade et des lieux environnants.

Le pilote-major est chargé du maintien du bon ordre ; il veille à ce que les pilotes fassent exactement leur devoir, les commande toutes les fois qu'il y a lieu, soit pour le besoin des bâtiments de guerre, soit pour celui des bâtiments du commerce. Il agit sous l'autorité du directeur des mouvements du port, et lui rend tous les comptes nécessaires sur la conduite des pilotes, leur inexactitude, leurs manquements et leurs fautes, et généralement sur tous les faits intéressant le pilotage.

Tout capitaine qui a à réclamer auprès du chef du Pilotage, etc.

(Sans changement).

ART. 72. — Un agent, qui prend le titre de chef du pilotage, est nommé par le Ministre de la Marine sur la proposition du chef du service de la Marine. Il est choisi parmi les pilotes en activité de service, s'il s'en trouve un qui par son instruction, ses connaissances nautiques, la fermeté de son caractère et toutes les conditions désirables, soit apte à remplir convenablement cet important emploi, et, à défaut, parmi les officiers de marine en retraite les capitaines au long cours ou les capitaines de la marine marchande de la localité, recommandables sous tous les rapports et ayant une connaissance parfaite du port, de la rade et des lieux environnants.

Il lui est adjoint, pour le seconder sous le titre d'*adjoint au chef du pilotage* un pilote désigné par le chef du service de la Marine, choisi parmi les plus anciens pilotes en activité et qui, recommandable sous tous les rapports énumérés ci-dessus est également apte à remplir cet emploi.

Le chef du Pilotage, et par délégation l'adjoint au chef du pilotage sont chargés du maintien du bon ordre ; ils veillent à ce que les pilotes fassent exactement leur devoir, et les commandent toutes les fois qu'il y a lieu, soit pour le besoin des bâtiments de guerre, soit pour celui des bâtiments du commerce.

Le chef du pilotage agit sous l'autorité du chef du service de la Marine et lui rend compte de la conduite des pilotes ; il lui propose soit les témoignages de satisfaction qu'ils auraient mérités, soit les punitions excédant quatre jours de prison ou huit jours de suspension de solde qu'ils auraient encourues et généralement lui donne connaissance de tous les faits intéressant le pilotage.

ART. 73. — Les pilotes sont tenus d'obéir au pilote-major en tout ce qui a rapport à leur service, sous peine d'être punis selon la gravité du cas.

ART. 73. — Les pilotes sont tenus d'obéir au chef du Pilotage ou à son adjoint en tout ce qui a rapport à leur service, sous peine d'être punis selon la gravité du cas.

ART. 74. — Le pilote-major tient un registre constatant l'entrée et la sortie de tout bâtiment soumis au pilotage. Il y indique le tonnage, le nom du pilote et la distance à laquelle le navire a été abordé.

ART. 74. — Le chef du pilotage tient un registre, etc.

(Sans changement).

ART. 75. — Les droits de pilotage sont acquittés entre les mains du pilote-major qui tient un compte ouvert à chaque bateau pilote.

Les registres tenus par le pilote-major sont cotés et paraphés par le président du Tribunal de Commerce.

Les fonctions de pilote-major l'empêchant d'exercer lui-même le pilotage, il reçoit un traitement qui est fixé par la commission administrative mentionnée en l'article 79, et dont le montant est prélevé sur le produit des droits de pilotage.

ART. 75. — Les droits de pilotage sont acquittés entre les mains du chef du pilotage.

Les registres tenus par le chef du pilotage sont cotés et paraphés par le président du Tribunal de Commerce.

Les fonctions de chef du pilotage l'empêchant d'exercer lui-même le pilotage, il reçoit un traitement qui est fixé par la commission administrative mentionnée à l'article 79 et dont le montant est prélevé sur le produit des droits de pilotage.

— 17 —

Il est établi sur le quai et près de l'embouchure du port, un bureau dit : Bureau de pilotage, avec un magasin y attenant dans lequel sont déposés les voiles, agrès et apparaux des bateaux pilotes.

Les frais de location du bureau et autres menus frais que la comptabilité peut exiger, ainsi que les honoraires des agents de ce bureau, sont couverts par une somme annuelle votée par la commission administrative.

L'emploi de cette somme est confié au pilote-major, sous la surveillance et la vérification de la dite commission.

ART. 76. — Lorsqu'un bateau pilote a quitté sa station pour rentrer dans le port sans ordre supérieur ou sans y avoir été forcé par des raisons majeures dont le pilote doit justifier, il est procédé contre le pilote délinquant sur le compte rendu par le pilote-major conformément à l'article 14 et au § 2° de l'article 50 du décret du 12 décembre 1806.

ART. 77. — Il est exercé une retenue de sept et demi pour cent sur les salaires, tant en principal qu'en augmentation, payés aux pilotes pour l'entrée et pour la sortie des bâtiments. Cette retenue est faite par le pilote-major qui la verse tous les mois dans la caisse établie à cet effet. Il y verse également au fur et à mesure qu'il les réalise, les économies pouvant résulter des sommes allouées pour l'entretien du matériel, sous la surveillance et d'après les décisions mensuelles de la commission administrative de cette caisse.

ART. 79. — La caisse de retenue est

(Sans changement).

Les frais de location du bureau et autres menus frais, ainsi que les honoraires des agents de ce bureau, sont couverts par une somme annuelle votés par la commission administrative.

L'emploi de cette somme est confiée au chef du pilotage, sous la surveillance et la vérification de la dite commission.

ART. 76. — Lorsqu'un bateau pilote a quitté sa station pour rentrer dans le port sans ordre supérieur ou sans y avoir été forcé par des raisons majeures dont le pilote doit justifier, il est procédé contre le pilote délinquant par le chef du pilotage, conformément à l'article 14 et au § 2° de l'article 50 du décret du 12 décembre 1806.

ART. 77. — Il est exercé une retenue de sept et demi pour cent sur les salaires, tant en principal qu'en augmentation payés aux pilotes pour l'entrée et pour la sortie des bâtiments. Cette retenue est faite par le chef du pilotage qui la verse tous les mois dans la caisse établie à cet effet, etc.

(Sans changement).

ART. 79. — La caisse de retenue est

— 18 —

administrée par une commission composée :

Du chef de service de la marine ;

Du directeur des mouvements du
port ;

De trois négociants nommés par la
Chambre de Commerce ;

D'un capitaine marin désigné par la
Chambre de Commerce ;

Et de deux pilotes choisis par leurs
camarades ;

L'un des trois négociants, le capitaine
et l'un des pilotes sont remplacés tous
les ans.

ART. 80. — La commission se réunit
au moins une fois par mois ; elle sur-
veille la comptabilité du pilote-major et
arrête ses états.

Elle accorde aux personnes désignées
dans l'article 78, en ayant égard tant à
leur mérite qu'à leurs besoins, des
secours qui peuvent être concédés, soit
à titre de pension viagère, soit jusqu'à
ce que l'individu ait atteint un âge déterminé, soit enfin pour une seule fois.

La commission maintient toujours les
dépenses au-dessous des recettes, de
manière à former un fonds de réserve
pour les événements graves et impré-
vus.

Les décisions de la commission sont
définitives.

administrée par une commission composée :

Du chef du service de la Marine ;

Du commissaire de l'Inscription maritime ;

De trois négociants nommés par la
Chambre de Commerce ;

D'un capitaine marin désigné par la
Chambre de Commerce ;

Et de deux pilotes choisis par leurs
camarades ;

L'un des trois négociants, le capitaine
et l'un des pilotes sont remplacés tout
les ans, le pilote sortant ne pouvant être
réélu qu'après un intervalle d'un an au
moins.

ART. 80. — La commission se réunit
au moins une fois par mois ; elle sur-
veille la comptabilité du chef du pilo
tage et arrête ses états.

(Sans changement.)

Les articles proposés sont adoptés successivement. Au sujet de l'Art. 72,
M. Pétrier demande qu'après les mots : *Les officiers de marine en retraite*
on ajoute : *Les capitaines au long-cours.* Cette disposition est acceptée.

M. le Président donne ensuite lecture des vœux adoptés par la Commission et tendant à modifier les articles 1 et 2 du décret du 8 mars 1889 :

« Art. Ier. — Tout navire à voile ou à vapeur, commandé par un capitaine muni « d'une licence de capitaine-pilote de Marseille, ou comptant parmi les officiers du « bord un capitaine au long-cours ou un maître au cabotage muni de la dite licence, « est entièrement exempt des droits de pilotage, tant à l'entrée qu'à la sortie du « port, s'il n'a pas réclamé l'assistance d'un pilote lamaneur.

« Art. 2. — Les capitaines qui veulent obtenir une licence de capitaine-pilote de « Marseille, doivent justifier devant le commissaire de l'Inscription maritime, qu'ils « sont Français, qu'ils sont entrés au dit port ou qu'ils en sont sortis, sur des navires « où ils étaient capitaines ou officiers, au moins neuf fois dans l'espace de trois ans, « la dernière fois un an au plus avant le jour de l'examen. Deux au moins de ces « entrées ou sorties auront eu lieu le candidat-pilote commandant le navire.

« Ils se présentent devant une Commission composée du Commissaire de l'Inscrip- « tion maritime, du chef du pilotage, d'un officier de port ou d'un pilote muni d'un « brevet de capitaine au long cours, de deux capitaines au long cours titulaires de « la licence de pilote. Cette Commission, après examen des pièces produites, les « interroge sur les matières indiquées à l'article 2, du décret du 12 décembre 1806, la « manœuvre des voiles et celle des machines exceptées. Les candidats seuls pourront « assister aux séances.

« Les capitaines qui ont satisfait à cet examen, reçoivent une licence portant qu'ils « sont aptes à piloter, à l'entrée ou à la sortie du port de Marseille, les navires sur « lesquels ils sont régulièrement embarqués comme capitaines ou officiers ; mais « ils ne pourront piloter d'autres navires sans encourir les peines édictées par « l'article 29 du décret du 12 décembre 1806.

« Les licences sont signées par le Président de la Commission d'examen et enre- « gistrées aux bureaux de l'Inscription maritime et du pilotage ; chaque année, ou « au retour du voyage commencé avant l'expiration de l'année, le capitaine doit « présenter sa licence à ces deux bureaux pour y faire apposer un visa constatant la « date de sa dernière entrée ou de sa dernière sortie.

« Les licences cessent d'avoir leur effet, si les titulaires restent plus de deux ans « sans entrer au port de Marseille ou sans en sortir, soit comme capitaines d'un « bâtiment, soit comme officiers.

« Les capitaines dont la licence a été ainsi périmée, peuvent en avoir une nou- « velle en passant un examen qui ne porte que sur les travaux nouvellement exécutés « dans les ports ou aux abords des ports depuis la péremption du premier titre.

« La convocation de la Commission d'examen émane du chef du service de la « Marine. »

Ces vœux sont adoptés à l'unanimité, M. Pétrier ayant déclaré renouveler les réserves faites par lui à la Commission, au sujet de ces vœux.

M. le Président met aux voix les deux vœux suivants, adoptés par la Commission et proposés par elle :

1° Rendre le pilotage facultatif dans le port de Marseille ;

2° Dans le but d'améliorer et perfectionner le recrutement des pilotes lamaneurs du port de Marseille, l'administration de la marine devra s'efforcer, tout en respectant les droits acquis, d'introduire dans cette corporation un certain nombre de capitaines-pilotes, ainsi que cela se pratique, d'ailleurs, depuis longtemps, chez les nations étrangères.

Ces deux vœux sont adoptés par MM. Barthélemy, Paquet, Boude, Pétrier, Prève et Benigni.

MM. Ropars, Bruno et Loubatière ont voté contre.

MM. Pétrier et Benigni ont ensuite présenté la motion suivante :

Conformément aux prescriptions de l'article 2 du décret du 15 août 1792, instituant l'Assemblée Commerciale et ainsi conçu :

« Art. 2. — Le Ministre de la Marine adressera à l'Assemblée Nationale
« tous ces procès-verbaux avec ses observations et ses vues particulières
« sur les pilotes lamaneurs, pour être pris par l'Assemblée tel parti qu'elle
« jugera convenable. »

Il y a lieu de prier respectueusement, M. le Ministre de la Marine, de bien vouloir transmettre au Parlement, avec les observations qu'il croirait devoir y faire, tous les travaux de la présente Assemblée commerciale.

Signé : BENIGNI, PÉTRIER.

M. Prève fait remarquer que dans les travaux de la Commission, la modification des articles 69, 72, 73, 74, 75, 76, 77, 79 et 80 du décret du 23 juillet 1859 soient les vœux tendant à modifier le décret du 8 mars 1889, ont été préparés et condensés par M. le Commissaire de la Marine de Marseille, que, dans ces conditions, les vœux proposés par la Commission et agréés par l'Administration maritime de Marseille ont toutes chances pour recevoir une solution favorable.

Une discussion s'engage à ce sujet et l'Assemblée, à l'unanimité, adopte le vœu de MM. Benigni et Pétrier.

M. le Président remercie les membres de la Commission, du soin avec lequel ils ont rempli la mission qui leur avait été confiée et dont les travaux ont facilité la tâche de l'Assemblée commerciale.

Plus rien n'étant à délibérer, la séance est levée à midi.

Le Secrétaire,

E. LALUBIE.

Le Président,

F. BARTHÉLEMY.